Das bin ich

Platz für ein Foto
oder eine Zeichnung

Einatmen.

Ausatmen.

Glücklich sein.

Hallo, du!

**Was lässt mein Herz leuchten?
Wann war ich das letzte Mal so richtig zufrieden?
Und was bedeutet Glück für mich überhaupt?**

Fragst du dich das auch manchmal und bist auf der Suche nach dem Glück?
Dieses Büchlein ist für und über alles, was dich happy macht und kann dir helfen, der Antwort auf die Frage nach dem großen und kleinen Glück ein bisschen näher zu kommen.

Begebe dich auf deine ganz persönliche kleine Glücksreise zu dir selbst und zu dem, was dich glücklich macht.
In deinem Happy-Buch findest du ganz verschiedene Themen und Aufgaben, die das Glückskind in dir wecken.
Ob Eintragen, Lettern, Basteln oder Zeichnen: Hier kannst du Träume und Wünsche skizzieren, Gedanken festhalten und kleine kreative Atempausen genießen.

*Also, los geht's:
Verplemper viel mehr Zeit mit Glücklichsein!*

fünf Dinge,
die ich an mir mag:

♥ --

♥ --

♥ --

♥ --

♥ --

fünt Dinge,
die ich richtig gut kann:

Happy Lettering!

Letter den Spruch nach.

MERKE:

Man sollte VIEL mehr Zeit mit Glücklich sein verplempern.

Meine Letterliebe-Liste

Diese Sprüche möchte ich gerne mal lettern:

Zehn Wörter,

die mir in den Kopf kommen,
wenn ich an
mich selbst denke:

Pick dir ein oder zwei Wörter raus und
erzähle ein bisschen mehr darüber.

Happy DIY
Bestickte Postkarte

Das brauchst du:

- DIN A6 Blanko-Klappkarte
- Prickelnadel
- Filz-Unterlage
- Garn in deiner Lieblingsfarbe
- Nadel
- schwarzer Stift
- Schere

Herz-Vorlage

1. Vergrößere die Herz-Vorlage und pause sie ab oder drucke sie aus.

2. Lege den Filz unter die Karte. Schneide das Herz aus und lege es auf die Mitte der Karte.

3. Stich mit der Prickelnadel überall dort ein, wo sich die Linien treffen.

4. Lege die Vorlage zur Seite. Fädle dein Garn in die Nadel und stich durch den ersten Punkt. Achte darauf, dass der Anfangsfaden auf der Rückseite liegt.

5. Stich nun in die anderen Punkte ein. Du musst durch manche Punkte mehrmals stechen, um alle Linien zu erhalten.

6. Hast du alle Linien gestickt, schneide beide Enden des Garns ab und mache in beide Enden einen kleinen Knoten.

7. Wenn du magst, kannst du die Karte noch mit einem Lettering verzieren.

Meine happy Top 5

Diese Dinge brauche ich zum Glücklichsein:

Darum machen sie mich *so glücklich:*

do THE things

YOU LOVE

Mein happy Place

Hier fühle ich mich rundum wohl.

KLEBE EIN FOTO

VON DEINEM

→ GLÜCKSORT ←

EIN.

**Was ist so besonders an diesem Glücksort?
Erzähle ein bisschen mehr darüber.**

....

....

....

....

....

....

....

....

Lettern-macht-glücklich-Challenge

Letter die Wörter und Sprüche in deinem eigenen Stil.

Think happy.
Be happy.

Glückspilzin.

Hör nie auf zu wachsen.

Fünf Dinge,
auf die ich besonders stolz bin:

Mein happy Mantra

Dieser Spruch oder dieses Wort motiviert mich
und zaubert mir ein Lächeln ins Gesicht.

Bucket List
To-dos

Erledigt	Wann	Wo
barfuß durchs Gras hüpfen		
den Sternenhimmel bestaunen		
eine Sandburg bauen		
auf einen Baum klettern		

Klebe ein passendes Foto oder eine Zeichnung zu deiner Bucket List ein.

Origami-Windrad

Das brauchst du:

- das nächste Blatt aus dem Buch
- Schere
- Holzstab und Pin
- Klebefilm

1. Schneide das nächste Blatt an der senkrechten Linie aus dem Buch und schneide es quadratisch zu.

2. Lege das Blatt so vor dich, dass das Muster nach unten zeigt. Falte das Blatt diagonal, sodass eine Faltlinie entsteht und falte es wieder auseinander.

3. Jetzt faltest du zwei Ecken in die Mitte bis zur Faltlinie und wendest das Blatt.

4. Falte die linke obere Ecke und die rechte untere Ecke zur Mitte und wende das Blatt.

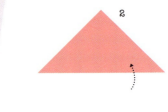
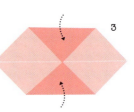

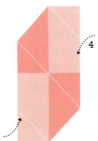

5. Falte die Seiten rechts und links nach innen, sodass ein Quadrat entsteht.

6. Klappe die Laschen mit der einfarbigen Seite aus und streiche sie zu Dreiecken.

7. Ziehe die Laschen mit der Musterseite unterhalb der ersten Papierlage vorsichtig heraus und streiche das Windrad glatt.

8. Schiebe den Pin mittig durch das Windrad und klebe den Holzstab hinten an.

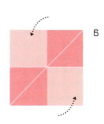

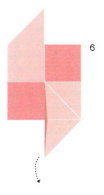

say **YES** to *new* ADVENTURES

Zehn Wörter,

die mir in den Kopf kommen,
wenn ich an ein Abenteuer denke:

Wenn ich diese Songs höre,
bin ich glücklich:

_____

_____

_____

_____

_____

_____

_____

MEINE *happy* WATCHLIST

Diese Filme bringen mich immer wieder zum Lachen:

Fünf Dinge,
die mein Herz zum Leuchten bringen:

Bucket List
To-dos

Erledigt	Wann	Wo
Weihnachtsplätzchen im Sommer backen		
einen Sonnenaufgang betrachten		
einen Sonnenuntergang betrachten		
ein Gedicht schreiben		

Mein Glücksgedicht

Dieses Essen macht mich glücklich:

Frühstück

- ....
- ....
- ....
- ....
- ....

Mittagessen

- ....
- ....
- ....
- ....
- ....
- ....

Abendessen

- ....
- ....
- ....
- ....
- ....
- ....

Snack

- ....
- ....
- ....
- ....
- ....
- ....

Happy Lettering!

Letter den Spruch nach.

MERKE:

Man sollte ÖFTER aus der Reihe tanzen

Platz für mehr Letterings oder Zeichnungen

Mein Glücksmoment

Welcher kleine oder große Moment hat dich in letzter Zeit so richtig *glücklich* gemacht?

Wie fühlt sich
Glück
eigentlich für dich an?

Meine Glückserinnerungen

Bei diesen Erlebnissen aus meiner Kindheit habe ich mich rundum glücklich gefühlt:

- ♡ ....
- ♡ ....
- ♡ ....
- ♡ ....
- ♡ ....
- ♡ ....

Das Herz bleibt ein Kind.

— Theodor Fontane

Lettern-macht-glücklich-Challenge

Letter die Wörter und Sprüche in deinem eigenen Stil.

be YOU tiful

Ich träum mal drüber nach.

perfekt unperfekt

Meine Herzensmenschen ♥

Welche Menschen haben einen besonderen Platz in deinem Herzen? Was *liebst* du an ihnen?

PLATZ FÜR EIN
FOTO
VON EINEM
HERZENSMENSCHEN

Drei Ratschläge von Freunden,

die mein Leben bereichert haben:

Was bedeutet
Freundschaft
für dich?

Zehn Wörter,
die mir in den Kopf kommen, wenn ich an meine Freunde denke:

Freundschaft,
DAS IST WIE
Heimat.

Kurt Tucholsky

Upcycling!
Milchtüten-Pflanztopf

Das brauchst du:

- Milchtüte
- Schere
- wasserfeste Stifte oder Farbe

1. Schneide die oberen 15 cm von der Milchtüte ab.

2. Wasche die Tüte gründlich aus und trockne sie ab.

3. Zerknülle und zerknautsche die Milchtüte, bis sie schön weich ist.

4. Ziehe nun die obere dünne Papierschicht ab. Das klappt am besten, wenn du die Schicht von der Naht aus löst.

5. Klappe den oberen Rand zweimal um, sodass eine Borte entsteht.

6. Verziere deinen Pflanztopf, wenn du magst, jetzt noch mit wasserfesten Stiften oder Farbe.

7. Dann nur noch die Pflanze in den passenden Umtopf stellen und fertig!

5 Menschen,
denen ich dankbar bin:

- _____
- _____
- _____
- _____
- _____

Danke, dass es dich gibt!

Wem möchtest du Danke sagen?
Einfach dafür, dass es sie oder ihn gibt.

Es sind die
KLEINEN DINGE,
die das
LEBEN
AUSMACHEN

Bucket List
To-dos

Was	Wen/Wem	Wann
jemanden einfach anrufen		
jemandem ein Kompliment machen		
jemandem sagen: „Ich habe dich lieb!"		
jemanden fest in den Arm nehmen		

MEINE happy BOOKS

Diese Bücher lassen mich die Welt vergessen:

- ....
- ....
- ....
- ....
- ....
- ....
- ....
- ....
- ....
- ....

MEINE *happy* BOOKS

Diese Bücher möchte ich unbedingt lesen:

-
-
-
-
-
-
-
-
-
-

Mein Heimathafen

Was bedeutet Heimat für dich?

Welche schönen Erinnerungen verbindest du mit *Heimat?*

Meine Familie

Klebe deine Lieblings-Familienfotos ein.

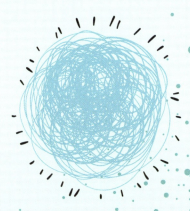

Letter-LOVE-Challenge

Letter die Wörter und Sprüche
in deinem eigenen Stil.

Ich. Du. Passt.

Schön, dass es dich gibt.

Du bist mir wichtig.

Zehn Wörter,

die mir in den Kopf kommen, wenn ich an meine Familie denke:

Pick dir *ein* oder *zwei* Wörter raus und erzähle ein bisschen mehr darüber.

Happy DIY

Glückskekse aus Papier

Das brauchst du:

- das nächste Blatt aus dem Buch
- Schere
- Papier und Stift
- Kleber

1. Schneide das nächste Blatt an der senkrechten Linie aus dem Buch und schneide die Kreise aus.

2. Schneide kleine Streifen aus einem Blatt Papier und schreibe Glücksbotschaften darauf.

3. Lege die untere Hälfte des Kreises auf die obere und klebe die beiden Hälften oben von innen mit etwas Kleber zusammen. So entsteht ein Halbkreis.

4. Wichtig ist, dass du diesen Halbkreis nicht faltest, sondern ihn gerollt lässt. Schiebe eine Glücksbotschaft in die Rolle.

5. Falte den Halbkreis an der gerollten, geschlossenen Seite mittig zusammen und klebe die beiden Seiten aufeinander.

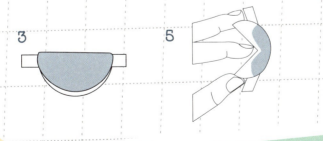

Fünf Menschen,

die ich gerne einmal wieder treffen möchte:

- ....
- ....
- ....
- ....
- ....

Wann habt ihr euch zum *letzten Mal* gesehen?

Happy Lettering!

Letter den Spruch nach.

Meine Träume

Bist du glücklich mit dem, was du machst?
Welche Träume würdest du gerne verwirklichen?

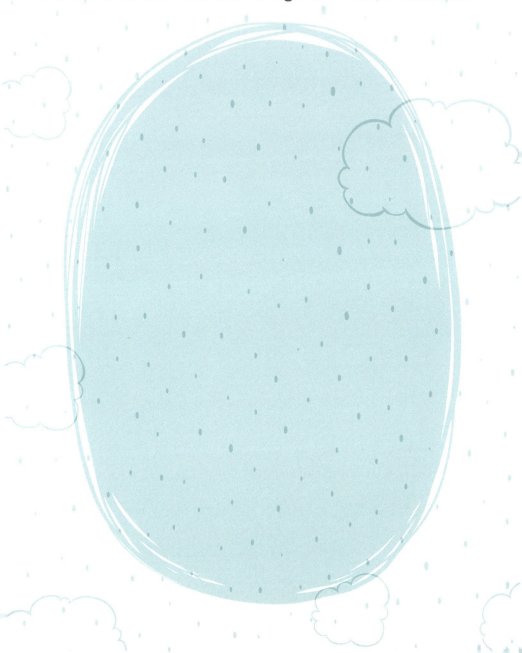

fünf Menschen,
die ich bewundere, und die mich inspirieren:

Ich bin besonders *glücklich,* wenn ich diese *drei Dinge* mache:

Bucket List
To-dos

Erledigt	Wann	Wo
etwas essen, was ich noch nie probiert habe		
ein Möbelstück umstellen		
einen Brief an mich selbst schreiben		
einen neuen Weg zur Arbeit gehen		

Mein Brief an mich selbst

Wenn du magst, kannst du hier mit dem Brief beginnen.

Ein Leben OHNE Unsinn ist sinnlos.

Mein Quatschmacher-Moment

Wann hast du zum letzten Mal etwas Witziges getan, Quatsch gemacht oder einen Streich gespielt?

Happy DIY

Upcycling!
Jeans-Stifterolle

Das brauchst du:

- eine aussortierte Jeans
- ein Stück Stoff (etwa 22 x 38 cm)
- Kordel
- Nähmaschine oder Nadel und Faden
- Schere

1. Schneide einen Streifen mit den Maßen 22 x 38 cm aus deiner Jeans. Die beiden Gesäßtaschen sollten später gut auf den Streifen passen.

2. Schneide die Gesäßtaschen deiner Jeans aus.

3. Nähe die Taschen auf den Jeans-Streifen. Lass die Öffnung oben offen.

4. Nähe drei bis vier senkrechte Linien von oben nach unten pro Tasche. Das werden die Fächer für deine Stifte.

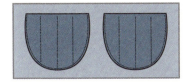

5. Lege die beiden Stoffstreifen rechts auf rechts und nähe sie aufeinander. Spare dabei eine Wendeöffnung aus.

6. Wende die Stoffe, lege die Kordel in die Wendeöffnung und nähe diese zu, sodass die Kordel mit angenäht wird.

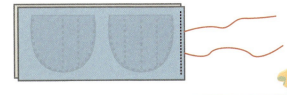

Letter-Challenge

Letter die Sprüche in deinem eigenen Stil.

Dream. plan. do.

Mutausbruch

Ohne Regen keine Blumen.

Bucket List
To-dos

Erledigt	Wann	Wo
ein Kleidungsstück tragen, das ich schon lange nicht mehr anhatte		
ein neues Rezept ausprobieren		
einen ganzen Tag einfach mal nichts machen		

Mein Lieblingsort
zum Entspannen

KLEBE EIN
FOTO EIN.

Mein Mutausbruch

Wann warst du zum letzten Mal so richtig mutig?

Was hast du dich *noch nicht* getraut, aber würdest es gerne ausprobieren oder tun?

Sei einfach du
SELBST.
ALLE ANDEREN
GIBT'S JA SCHON.

Meine Wohlfühl-Einrichtung

Diese kleinen Dinge in meinem Zuhause machen mich glücklich:

_____

_____

_____

_____

_____

_____

Lavendel-Druck

Das brauchst du:

- Zuschnitt unbehandeltes Holz (z. B. Quadrat)
- Laserdrucker und digitales Lieblingsfoto
- Washi-Tape
- Lavendelöl
- eine kleine Schüssel
- Pinsel
- Tuch
- Holzlöffel

1. Drucke dein Lieblingsfoto in der Größe des Holzzuschnitts spiegelverkehrt auf dem Laserdrucker aus. Nutze ganz normales dünnes Kopierpapier dafür.

2. Schneide das Foto mit etwas Puffer rundherum aus. Lass etwa 1–2 cm weißen Rand zum Aufkleben stehen.

2. Lege deinen Foto-Ausdruck mit der bedruckten Seite nach unten auf den Holzzuschnitt.

3. Klebe die Seiten des Ausdrucks mit Washi-Tape gut am Holz fest.

4. Gib ein wenig Öl in die Schüssel und trage es mit dem Pinsel auf den Ausdruck auf. Wichtig: Nimm immer nur ganz wenig Öl und tupfe ggf. mit einem Tuch nach, sonst „verschwimmt" dein Motiv bei der Übertragung.

5. Reibe mit etwas Druck mit dem Holzlöffel über den Ausdruck. Dadurch wird die Farbe auf das Holz übertragen.

6. Löse das Tape an einer Seite und schaue vorsichtig unter deinen Ausdruck. Wenn das Motiv noch nicht vollständig übertragen ist, rubbelst du noch weiter.

fünt farben,
die ich liebe:

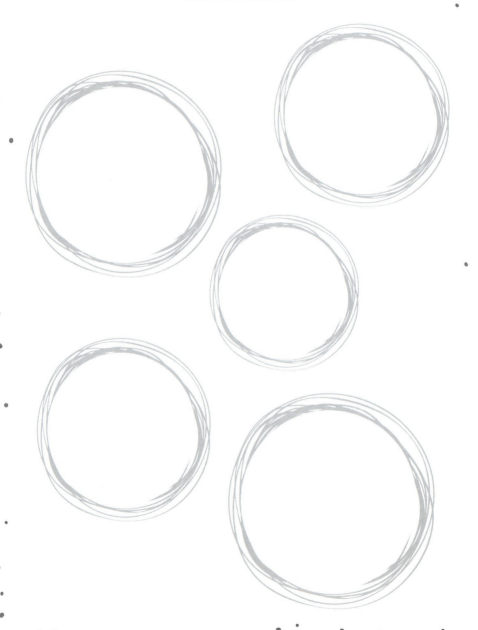

Zehn Wörter,

die mir in den Kopf kommen,
wenn ich an
diese Farben denke:

Meine *Ladestationen* für die Seele

An diesen Orten in der Natur lade ich meine Akkus auf.

Fünf Dinge,

die mir neue Kraft geben:

Bucket List
To-dos

Erledigt	Wann	Wo
einen Tag ohne Handy verbringen		
Wildblumen pflücken		
durch Regenpfützen springen		
Muscheln am Strand sammeln		

Happy Lettering!

Letter den Spruch nach.

Die beste Reisezeit: IMMER!

Meine Glücksreise

Wann hast du zum letzten Mal einen Ort bereist, an dem du noch nie zuvor warst?

Zehn Wörter,

die mir in den Kopf kommen,
wenn ich an meine letzte Reise denke:

Meine
Happy Travel List

An diese Orte bin ich schon gereist:

Und hier möchte ich unbedingt noch hin:

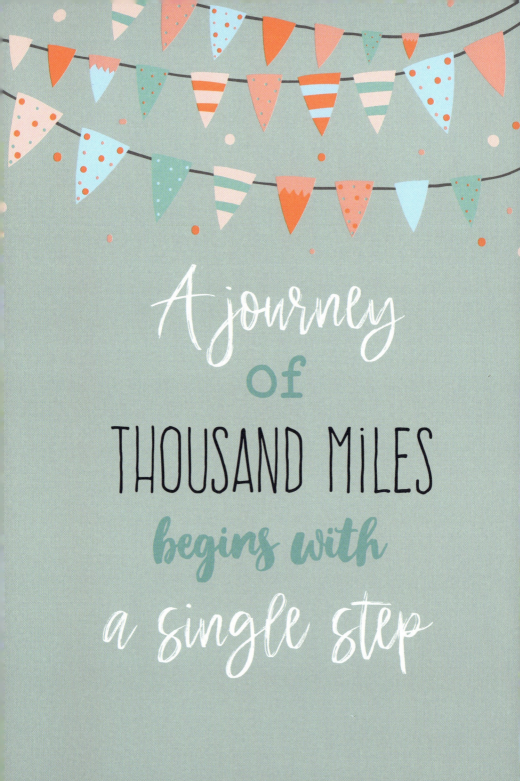

MEINE
REISE-
ERINNERUNG

KLEBE EIN FOTO VON DEINER LIEBLINGSREISE EIN.

HIER BIN ICH IN _____
WANN WAR DAS? _____

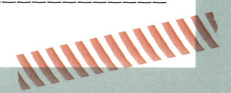

Upcycling! Reisepasshülle

Das brauchst du:

- Milchtüte
- Schere
- Sticknadel und Garn
- Bleistift
- Acrylfarbe und feiner Pinsel oder wasserfeste Filzstifte

1. Wasche die Tüte gründlich aus und trockne sie ab.

2. Schneide die Tüte oben und unten auf und schneide ein 28 x 15 cm großes Rechteck heraus.

3. Zerknülle und zerknautsche die Milchtüte, bis sie schön weich ist, und ziehe dann die obere dünne Papierschicht ab.

4. Falte das Rechteck an den kürzeren Kanten 4 cm nach innen.

5. Nähe mit Nadel und Garn die obere und untere Kante zu.

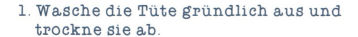

6. Bemale oder beletter deine Hülle mit deinem Lieblingsmotiv oder -spruch.

Happy durchs Jahr!

Das liebe ich am Frühling:

Der Sommer ist toll, weil …

Herbst heißt für mich...

Das mache ich gern im Winter:

Lettern-macht-glücklich-Challenge

Letter die Wörter und Sprüche in deinem eigenen Stil.

spring vibes

Im Herzen barfuß

Auf dem Sofa ist immer gutes Wetter.

fall in love

Zehn Wörter,

die mir in den Kopf kommen,
wenn ich an die Zukunft denke:

Welche *Zukunftsträume* und *Etappenziele* hast du?

Drei Dinge,
die ich mir von einer guten Fee wünschen würde:

Und drei Dinge,
auf die ich super neugierig bin:

Glücksbotschaften
in meinem Leben

Diese Nachrichten haben mich
richtig glücklich gemacht:

- ....
- ....
- ....
- ....
- ....
- ....
- ....
- ....
- ....
- ....

Erzähle ein bisschen mehr darüber.

Happy Lettering!

Letter den Spruch nach.

MEINE Träume HABEN KEIN Ablaufdatum

Platz für mehr Letterings
oder Zeichnungen

Drei ziemlich verrückte Fragen,

die ich schon immer stellen wollte:

1

2

3

Wem würdest du die Fragen stellen?

Traumfänger

Das brauchst du:

- einen großen und einen kleineren Metallring
- Wolle oder Paketschnur
- Schere
- Holzkugeln mit Loch
- gesammelte Federn

1. Wickle Wolle oder Paketschnur eng um deine beiden Ringe.

2. Wickle beide Ringe nun oben zusammen und lass eine Schlaufe zum Aufhängen stehen.

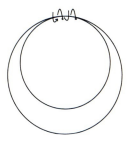

3. Knote Schnüre an den Ringen fest. Wie viele es sind und wie lang sie sind, ist ganz dir überlassen.

4. Fädle nun Holzkugeln daran auf und knote sie fest.

5. Zum Schluss knotest du noch deine Federn mit dem Kiel an den Enden der Schnüre fest.

Fünf Dinge, für die ich dankbar bin:

-
-
-
-
-

Klebe ein passendes Foto ein.

TU HEUTE ETWAS,
WORAUF DU
morgen
STOLZ

SEIN KANNST.

Die drei größten
Herausforderungen,
die ich bewältigt habe:

Bucket List
To-dos

Erledigt	Wann	Wo
mein Spiegelbild anlächeln		
mir einen Wunsch erfüllen		
jemandem ein Geschenk machen		
jemanden fest umarmen		

Mein Glücksmoment

Wann hast du das letzte Mal
die Zeit vergessen
und dich rundum zufrieden gefühlt?

Lettern-macht-glücklich-Challenge

Letter die Wörter und Sprüche in deinem eigenen Stil.

Braucht noch jemand Gedanken?
Ich hab mir zu viele gemacht.

Collect moments, not things.

Einzelstück.

Zehn Wörter,

die mir in den Kopf kommen,
wenn ich an meine glücklichsten
Erinnerungen denke:

Und zehn Wörter,
die mir in den Kopf kommen, wenn ich an meine Herzenswünsche denke:

Happy Lettering!

Letter den Spruch nach.

MERKE:

Platz für mehr Letterings
oder Zeichnungen

© 2020 monbijou by Helmut Lingen Verlag GmbH
Brügelmannstraße 5, 50679 Köln

Redaktion: Sarah Nünning
Satz: Julia Vierheilig, Leonie Busse

www.monbijou-geschenke.de
#papierglück auf Instagram
@monbijou-geschenke

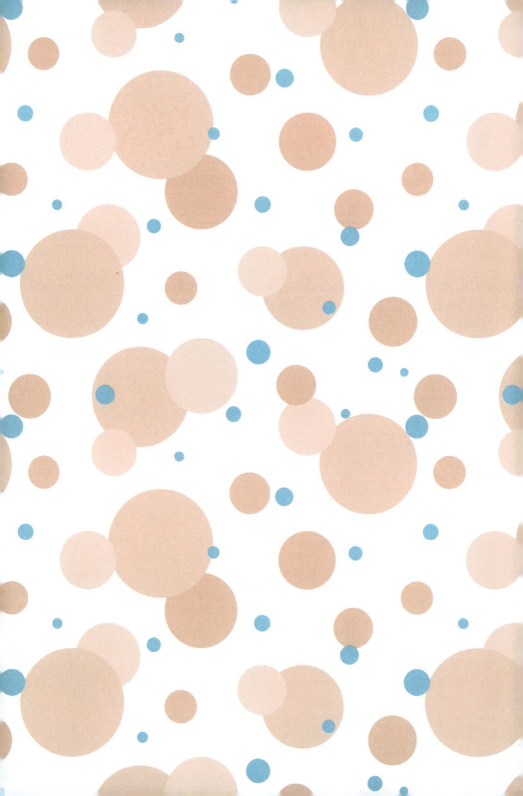